Contenido

Capítulo 1: Fundamentos del Neuromarketing: Introducción al Estudio del Comportamiento del Consumidor

El neuromarketing se ha establecido como un campo multidisciplinario que fusiona la neurociencia, el marketing y la psicología para comprender cómo el cerebro humano responde a los estímulos relacionados con el consumo. En este capítulo introductorio, exploraremos los fundamentos del neuromarketing y cómo se ha convertido en una herramienta crucial para comprender y moldear el comportamiento del consumidor.

¿Qué es el Neuromarketing?

El neuromarketing, en su esencia, busca descifrar cómo toman decisiones los individuos en el ámbito del consumo. Se basa en la comprensión de los procesos cerebrales que subyacen a las elecciones de compra, utilizando técnicas y herramientas de la neurociencia para investigar la respuesta del cerebro a estímulos publicitarios, productos o experiencias de compra.

El Cerebro del Consumidor

El cerebro humano, una maravilla de la evolución, es el epicentro de todas las decisiones y acciones que llevamos a cabo. A través de la neuroimagenología y otras técnicas avanzadas, el neuromarketing estudia cómo se activan distintas áreas cerebrales ante estímulos específicos, cómo se procesa la información, y cómo estas respuestas afectan las decisiones de compra.

Comportamiento del Consumidor: La Intersección entre Ciencia y Marketing

El estudio del comportamiento del consumidor no solo se limita a las preferencias o gustos individuales, sino que abarca una amplia gama de factores. Desde influencias culturales hasta patrones psicológicos, el neuromarketing busca entender la complejidad de las decisiones de compra y cómo factores internos y externos influyen en estas elecciones.

Herramientas y Técnicas del Neuromarketing

El neuromarketing utiliza diversas herramientas y técnicas para analizar las respuestas cerebrales ante estímulos comerciales. Desde la resonancia magnética funcional (fMRI) hasta el seguimiento ocular y las mediciones de actividad eléctrica cerebral (EEG), estas tecnologías permiten una comprensión más profunda de cómo se procesa la información en el cerebro del consumidor.

Aplicaciones Prácticas del Neuromarketing

La aplicación práctica del neuromarketing se extiende a múltiples sectores, desde la publicidad y el diseño de productos hasta la estrategia de precios y la experiencia de compra. Comprender cómo el cerebro responde a ciertos estímulos permite a las empresas ajustar sus estrategias para maximizar el impacto en sus audiencias.

Ética en el Neuromarketing

Con el gran poder de influir en las decisiones de compra, surge la responsabilidad ética en el uso del neuromarketing. La reflexión sobre los límites y la transparencia en la aplicación de estas técnicas se vuelve fundamental para evitar la manipulación y respetar la autonomía del consumidor.

Conclusiones

El neuromarketing emerge como un campo dinámico y en constante evolución, ofreciendo una ventana al complejo mundo de la mente humana en relación con el consumo. Su comprensión es fundamental para aquellos que buscan desarrollar estrategias efectivas en el mercado actual.

En resumen, este capítulo introductorio nos sumerge en la esencia del neuromarketing, sentando las bases para explorar en detalle cómo la comprensión del cerebro del consumidor es fundamental para el éxito en el ámbito comercial.

Capítulo 2: Neurociencia y Marketing: Entendiendo la Conexión Cerebro-Consumo

En el mundo del marketing, comprender cómo funciona el cerebro humano y cómo se relaciona con las decisiones de compra es esencial para desarrollar estrategias efectivas. Este capítulo se sumerge en la intersección entre la neurociencia y el marketing, explorando cómo el conocimiento de la actividad cerebral puede influir en las estrategias comerciales.

La Neurociencia como Herramienta para el Marketing

La neurociencia, a través de técnicas avanzadas de imagen cerebral como la resonancia magnética funcional (fMRI), el electroencefalograma (EEG) y el seguimiento ocular, ha permitido a los expertos en marketing observar y comprender los patrones cerebrales en respuesta a estímulos publicitarios y de consumo. Esto proporciona información valiosa sobre cómo se procesa la información en el cerebro del consumidor.

El Proceso de Toma de Decisiones: Perspectiva Neurocientífica

La toma de decisiones en relación con el consumo está profundamente arraigada en la actividad cerebral. La neurociencia ha demostrado que las decisiones de compra no son meramente racionales, sino que están influenciadas por factores emocionales, cognitivos y sociales. Entender cómo se activan diferentes regiones cerebrales durante este proceso es clave para comprender y predecir el comportamiento del consumidor.

Emociones y Decisión de Compra: Un Vínculo Fundamental

Las emociones desempeñan un papel crucial en las decisiones de compra. La neurociencia ha revelado que las emociones fuertes, como la felicidad, la sorpresa o el miedo, pueden influir significativamente en las preferencias del consumidor y en su disposición para comprar. Comprender cómo las emociones afectan la actividad cerebral ayuda a diseñar estrategias publicitarias más efectivas.

Atención y Memoria: Claves para el Éxito en Marketing

La neurociencia ha demostrado que la atención y la memoria son componentes vitales en el proceso de compra. Comprender cómo captar la atención del consumidor y hacer que el mensaje se almacene en la memoria a largo plazo es esencial para desarrollar campañas publicitarias exitosas.

Neurociencia y Branding: Creando Conexiones Significativas

Las marcas exitosas son capaces de establecer conexiones emocionales con los consumidores. La neurociencia del branding estudia cómo las marcas activan áreas cerebrales asociadas con las emociones y los recuerdos, creando así vínculos duraderos y lealtad hacia la marca.

Ética en la Aplicación de la Neurociencia en el Marketing

El uso de la neurociencia en el marketing plantea preguntas éticas importantes. La manipulación de las respuestas cerebrales del consumidor con fines comerciales genera debates sobre la ética en la persuasión y la privacidad del consumidor. Es esencial establecer límites éticos en la aplicación de estas técnicas.

Conclusiones

La relación entre la neurociencia y el marketing ofrece una ventana fascinante para comprender cómo el cerebro humano responde a estímulos comerciales. La combinación de estos campos proporciona herramientas poderosas para comprender y predecir el comportamiento del consumidor, permitiendo estrategias de marketing más efectivas y éticas.

Capítulo 3: La Importancia del Cerebro Emocional en las Decisiones de Compra

En el mundo del neuromarketing, el entendimiento de cómo las emociones impactan en las decisiones de compra es fundamental. Este capítulo se adentra en el papel crucial que desempeña el cerebro emocional en las decisiones de los consumidores y cómo estas emociones pueden moldear y dirigir sus elecciones de compra.

Emociones y Toma de Decisiones

El cerebro humano opera de manera compleja, y gran parte de nuestras decisiones, incluyendo las de compra, están fuertemente influenciadas por las emociones. La neurociencia ha revelado que las áreas cerebrales asociadas con las emociones, como la amígdala y el sistema límbico, desempeñan un papel destacado en el proceso de toma de decisiones.

Influencia de las Emociones en las Preferencias de Marca

Las emociones tienen un impacto significativo en cómo percibimos las marcas. La conexión emocional con una marca puede ser más influyente que simplemente evaluar sus características o beneficios. Las marcas que generan emociones positivas suelen ser más memorables y generar lealtad en los consumidores.

Efecto de las Emociones en la Memoria y la Atención

Las emociones intensas, ya sean positivas o negativas, tienen la capacidad de captar la atención y ser recordadas por más tiempo. La publicidad o el contenido que evocan fuertes emociones tienden a ser más efectivos en términos de retención y recuerdo.

El Poder de la Emoción en la Experiencia del Consumidor

La experiencia de compra se ve profundamente influenciada por las emociones que se experimentan durante el proceso. Las emociones positivas asociadas con una experiencia de compra placentera aumentan la probabilidad de que un cliente regrese y recomiende el producto o servicio a otros.

Neurociencia del Storytelling: Creando Emociones para Impulsar las Ventas

El storytelling o el arte de contar historias se ha convertido en una estrategia poderosa en el marketing. Al relatar historias que despierten emociones en los consumidores, las marcas pueden conectarse a un nivel emocional, generando empatía y aumentando la conexión con su audiencia.

Estrategias Emocionales en la Publicidad y el Diseño de Productos

Las campañas publicitarias exitosas a menudo se centran en evocar emociones específicas en los espectadores. Del mismo modo, el diseño de productos y su presentación pueden apelar a las emociones del consumidor para generar interés y deseo.

Consideraciones Éticas en la Manipulación Emocional

Aunque el uso de emociones en el marketing puede ser efectivo, surge el debate ético sobre la manipulación emocional del consumidor. Es crucial establecer límites éticos y respetar la integridad emocional de las personas en el proceso de venta.

Conclusiones

La comprensión de la influencia del cerebro emocional en las decisiones de compra es esencial para desarrollar estrategias de marketing efectivas. Las emociones juegan un papel central en la toma de decisiones de los consumidores, y su comprensión permite a las marcas conectar de manera más significativa con su audiencia.

Capítulo 4: Neuropsicología del Consumidor: Influencia de los Procesos Cognitivos en las Decisiones

La neuropsicología del consumidor se centra en comprender cómo los procesos cognitivos y mentales influyen en las decisiones de compra. Este campo analiza cómo el cerebro procesa la información, toma decisiones y evalúa opciones al enfrentarse a productos o servicios en el mercado.

Procesos Cognitivos y Toma de Decisiones

Los procesos cognitivos involucrados en las decisiones de compra incluyen la percepción, la atención, la memoria, el pensamiento y la toma de decisiones. La neuropsicología examina cómo estos procesos mentales interactúan y afectan las elecciones que hacen los consumidores.

Percepción y Atención en el Consumidor

La manera en que percibimos y prestamos atención a la información sobre un producto es crucial. La neuropsicología revela cómo el cerebro filtra y selecciona la información relevante, influyendo en la decisión de enfocarse en ciertos aspectos del producto sobre otros.

Memoria y Recuerdo en el Proceso de Compra

La capacidad del cerebro para almacenar información sobre productos o marcas es esencial. La neuropsicología muestra cómo las estrategias de marketing pueden influir en la memoria y el recuerdo a largo plazo, asegurando que los consumidores recuerden y consideren ciertos productos cuando toman decisiones de compra.

Pensamiento y Procesamiento de la Información

Los consumidores procesan activamente la información relacionada con un producto o servicio antes de tomar una decisión. La neuropsicología examina cómo se lleva a cabo este proceso de análisis y evaluación, incluyendo la comparación de características, beneficios y precios.

Toma de Decisiones y Factores de Influencia

La toma de decisiones no es un proceso lineal y racional; está influenciada por una variedad de factores. La neuropsicología estudia cómo las emociones, las experiencias pasadas, los sesgos cognitivos y los contextos sociales impactan en la decisión final de compra.

Neurociencia del Pricing: Estrategias de Precios y Percepción del Consumidor

El precio de un producto influye en la percepción del consumidor. La neuropsicología del pricing analiza cómo el cerebro responde a diferentes estrategias de fijación de precios, incluyendo el efecto de anclaje, la percepción de valor y la sensibilidad al precio.

Efecto del Diseño y la Presentación en la Toma de Decisiones

El diseño del producto, el embalaje y la presentación influyen en cómo percibimos su calidad y utilidad. La neuropsicología examina cómo el diseño visual y la presentación de un producto afectan la respuesta cerebral y la decisión de compra.

Consideraciones Éticas en la Influencia de los Procesos Cognitivos

El conocimiento profundo de los procesos cognitivos del consumidor conlleva una responsabilidad ética en su aplicación. La neuropsicología subraya la importancia de la transparencia y la ética en el uso de estrategias que influyen en las decisiones de compra.

Conclusiones

La neuropsicología del consumidor proporciona una visión integral de cómo el cerebro humano procesa la información relacionada con las decisiones de compra. Comprender los procesos cognitivos permite a los profesionales del marketing desarrollar estrategias más efectivas y éticas para influir en el comportamiento del consumidor.

Capítulo 5: Neuromarketing Sensorial: Impacto de los Sentidos en la Percepción del Producto

El neuromarketing sensorial se centra en cómo los estímulos sensoriales impactan en la percepción del consumidor hacia un producto o servicio. Este campo de estudio analiza cómo los sentidos -vista, oído, olfato, gusto y tacto- influyen en la forma en que percibimos, evaluamos y nos conectamos emocionalmente con una marca o producto.

La Importancia de los Sentidos en la Percepción

Los sentidos juegan un papel clave en la forma en que experimentamos el mundo que nos rodea. En el contexto del marketing, estos sentidos desempeñan un papel crucial al influir en la percepción de los consumidores sobre un producto y su marca asociada.

Neurociencia Visual: Impacto de la Vista en la Percepción del Producto

La vista es uno de los sentidos más poderosos en el marketing. El neuromarketing visual estudia cómo los colores, formas, diseño y presentación visual de un producto activan áreas específicas del cerebro y moldean la percepción del consumidor.

Audiomarketing: El Poder del Sonido en la Experiencia del Consumidor

El sentido del oído también desempeña un papel significativo en la percepción de la marca. La música, los sonidos, jingles y efectos auditivos utilizados en campañas publicitarias pueden generar emociones y recuerdos, impactando en la decisión de compra.

Olfatomarketing: El Aroma como Herramienta Persuasiva

El sentido del olfato tiene la capacidad de evocar emociones y recuerdos de manera poderosa. El uso estratégico de aromas en tiendas, espacios comerciales o productos puede influir en la percepción y la experiencia del consumidor.

Gustomarketing: El Sabor como Factor de Influencia

El sentido del gusto también puede influir en la percepción del producto. Las estrategias de degustación, muestras gratuitas o sabores específicos pueden impactar en la percepción de la calidad y generar preferencia por ciertos productos.

Haptomarketing: El Tacto en la Experiencia del Consumidor

El sentido del tacto puede ser un factor diferenciador en la percepción del producto. El diseño, la textura y la calidad del material pueden influir en la experiencia táctil del consumidor y su evaluación del producto.

Sinestesia en el Neuromarketing: Combinación de Sentidos para Impactar

La sinestesia, que es la combinación de diferentes sentidos, puede potenciar la experiencia del consumidor. Estrategias que combinan múltiples estímulos sensoriales pueden generar una experiencia más envolvente y memorable.

Aplicaciones Prácticas en el Neuromarketing Sensorial

Las aplicaciones prácticas del neuromarketing sensorial se extienden a múltiples industrias. Desde la industria alimentaria hasta la moda y la tecnología, el uso estratégico de los sentidos puede diferenciar un producto y mejorar la conexión con el consumidor.

Ética en el Neuromarketing Sensorial

El uso de los sentidos con fines comerciales plantea cuestiones éticas sobre la manipulación y la transparencia. Es fundamental establecer límites éticos al influir en la percepción del consumidor a través de los sentidos.

Conclusiones

El neuromarketing sensorial ofrece una visión profunda de cómo los sentidos impactan en la percepción del producto y la marca. Comprender cómo los estímulos sensoriales afectan la experiencia del consumidor permite desarrollar estrategias de marketing más efectivas y centradas en la conexión emocional.

Capítulo 6: Marketing Visual: El Poder de las Imágenes y la Neuroestética

El marketing visual es una herramienta poderosa en el mundo del neuromarketing. Este capítulo se sumerge en la neurociencia detrás de la percepción visual, la influencia de las imágenes en las decisiones de compra y la importancia de la neuroestética en el diseño de experiencias de consumo efectivas.

La Importancia de las Imágenes en el Marketing

Las imágenes tienen un impacto profundo en la percepción y la memoria del consumidor. La neurociencia revela que el cerebro humano procesa la información visual de manera más rápida y efectiva que otros tipos de contenido, lo que convierte a las imágenes en una herramienta valiosa en el marketing.

Neurociencia de la Percepción Visual

La percepción visual se basa en cómo el cerebro interpreta la información que recibe a través de los ojos. La neurociencia visual estudia cómo se procesan y reconocen los colores, formas, patrones y detalles visuales, y cómo esto afecta la percepción del consumidor.

Impacto de las Imágenes en las Emociones y la Memoria

Las imágenes tienen el poder de evocar emociones y crear recuerdos duraderos. La neurociencia muestra que las imágenes emocionales activan áreas cerebrales relacionadas con las emociones, lo que hace que estas imágenes sean más memorables y tengan un impacto más significativo en la toma de decisiones.

Neuroestética: El Arte de la Belleza Visual y su Influencia

La neuroestética se centra en cómo el cerebro percibe y experimenta la belleza visual. El diseño estético de imágenes y elementos visuales en el marketing puede generar respuestas emocionales positivas en el cerebro del consumidor, influyendo en su percepción de la marca o producto.

Colores y su Impacto en el Comportamiento del Consumidor

Los colores tienen un efecto psicológico significativo en la percepción y la respuesta emocional del consumidor. La neurociencia del color analiza cómo diferentes colores pueden influir en las emociones, la atención y las decisiones de compra.

Diseño Visual y Experiencia del Usuario (UX)

El diseño visual juega un papel crucial en la experiencia del usuario en entornos digitales y físicos. La neurociencia del diseño de experiencias analiza cómo el diseño visual puede afectar la facilidad de uso, la satisfacción del usuario y la conexión emocional con un producto o servicio.

Impacto de las Imágenes en la Publicidad y el Branding

Las imágenes utilizadas en la publicidad y el branding tienen un impacto duradero en la mente del consumidor. La neurociencia del branding visual explora cómo las imágenes pueden comunicar la identidad de la marca, generar confianza y fomentar la lealtad del cliente.

Ética en el Uso de Imágenes y Neuroestética

El uso de imágenes y técnicas de neuroestética plantea preguntas éticas sobre la autenticidad y la manipulación. Es crucial equilibrar la efectividad del diseño visual con la responsabilidad ética de no engañar o manipular al consumidor.

Conclusiones

El marketing visual y la neuroestética son componentes fundamentales en la creación de experiencias de consumo efectivas. Comprender cómo las imágenes impactan en la percepción del consumidor permite a los profesionales del marketing desarrollar estrategias visuales más impactantes y éticas.

Capítulo 7: Neurología del Color: Estrategias Cromáticas en el Marketing

El uso estratégico del color es fundamental en el mundo del neuromarketing. Este capítulo explora la neurología detrás de cómo los colores afectan las emociones, percepciones y decisiones de los consumidores en el ámbito del marketing.

El Poder del Color en el Marketing

Los colores desempeñan un papel vital en la percepción y la respuesta emocional de los consumidores hacia los productos y marcas. La neurología del color estudia cómo diferentes tonalidades y combinaciones afectan la respuesta cerebral y la toma de decisiones.

Emociones y Respuestas Asociadas a los Colores

Cada color tiene la capacidad de evocar emociones específicas en los consumidores. La neurología revela cómo el rojo puede generar excitación, el azul transmite confianza, el verde se asocia con la frescura y la naturaleza, entre otros efectos emocionales.

Influencia de los Colores en la Percepción de la Marca

Los colores también desempeñan un papel importante en la percepción de una marca. La elección de colores en el branding puede influir en cómo se percibe la identidad, los valores y la personalidad de una marca, generando una conexión emocional con los consumidores.

Estrategias de Uso de Colores en el Marketing

Las estrategias de color en el marketing se aplican en el diseño de logotipos, empaques, sitios web, publicidad y más. La neurología del color explora cómo la elección adecuada de colores puede influir en la atención, el interés y la acción del consumidor.

Psicología del Color y Comportamiento del Consumidor

La psicología del color muestra cómo los consumidores reaccionan inconscientemente a los estímulos cromáticos. Los colores pueden influir en las decisiones de compra, el tiempo que se pasa en un sitio web, la percepción de calidad y el valor percibido de un producto.

Colores en Diferentes Industrias y Culturas

La percepción del color puede variar entre diferentes industrias y culturas. La neurología del color analiza cómo se interpretan los colores en distintos contextos culturales y cómo pueden tener diferentes significados y asociaciones en diversas regiones del mundo.

Neurociencia del Color en Publicidad y Diseño Gráfico

La neurociencia del color en publicidad y diseño gráfico estudia cómo los colores pueden influir en la atención, la memoria y la persuasión del consumidor. Estrategias como el contraste, la armonía cromática y la focalización se utilizan para maximizar el impacto visual.

Ética en el Uso de Estrategias Cromáticas

A pesar de la influencia poderosa del color, es esencial aplicar estrategias éticas en el marketing. El uso de colores no debe inducir a la manipulación o confusión del consumidor, sino más bien servir como una herramienta para comunicar de manera efectiva.

Conclusiones

La neurología del color demuestra cómo los colores tienen un impacto profundo en las percepciones y decisiones del consumidor en el marketing. Comprender la influencia de los colores permite a los profesionales del marketing desarrollar estrategias visuales más efectivas y significativas.

Capítulo 8: Neuromarketing Auditivo: El Sonido como Herramienta Persuasiva

El neuromarketing auditivo se enfoca en cómo el sonido y los estímulos auditivos impactan en las emociones, las decisiones de compra y la percepción del consumidor. Este capítulo explora cómo el sonido se convierte en una poderosa herramienta persuasiva en estrategias de marketing.

El Poder del Sonido en el Marketing

El sonido es una herramienta poderosa para influir en las emociones y las decisiones de los consumidores. La neurociencia auditiva muestra cómo los estímulos sonoros afectan el cerebro y pueden generar respuestas emocionales profundas.

Neurociencia del Sonido y Emociones

La neurociencia ha demostrado que los sonidos pueden evocar emociones específicas en los consumidores. Desde la música hasta los efectos sonoros, diferentes tonos y frecuencias pueden desencadenar respuestas emocionales que influyen en la percepción del consumidor.

Música como Herramienta Emocional en el Marketing

La música tiene el poder de influir en las emociones y el estado de ánimo de los consumidores. La neurociencia auditiva explora cómo la elección de música en anuncios, tiendas o sitios web puede impactar en la experiencia del consumidor y su conexión con la marca.

Efectos Auditivos en la Memoria y la Atención

Los sonidos pueden mejorar la retención de la información y la atención del consumidor. La neurociencia del sonido muestra cómo los efectos auditivos pueden ayudar a destacar mensajes clave y hacer que los consumidores recuerden mejor un producto o marca.

Estrategias de Sonido en la Publicidad

En la publicidad, los efectos sonoros, jingles y narrativas auditivas se utilizan estratégicamente para crear una conexión emocional con la audiencia. Estas estrategias buscan despertar emociones y generar un impacto duradero.

Narrativas Sonoras y Storytelling

El storytelling auditivo es una técnica poderosa en el neuromarketing. La creación de narrativas sonoras y experiencias de audio inmersivas puede involucrar a los consumidores de una manera más profunda, generando conexiones emocionales más sólidas.

Neuromarketing Sonoro en Diferentes Sectores Industriales

El neuromarketing auditivo se aplica en una amplia gama de industrias, desde la publicidad hasta el retail, el entretenimiento y la telefonía. Los sonidos se diseñan estratégicamente para mejorar la experiencia del consumidor y fortalecer la relación con la marca.

Ética en el Uso del Neuromarketing Auditivo

A pesar de su poder persuasivo, es esencial aplicar el neuromarketing auditivo de manera ética. Los sonidos no deben ser engañosos o manipulativos, sino más bien mejorar la experiencia del consumidor de manera transparente y auténtica.

Conclusiones

El neuromarketing auditivo demuestra cómo el sonido puede ser una herramienta persuasiva en el marketing. Comprender cómo los estímulos auditivos afectan las emociones y el comportamiento del consumidor permite el desarrollo de estrategias de marketing más efectivas y emocionalmente impactantes.

Capítulo 9: La Psicología del Precio: Cómo el Cerebro Responde a las Estrategias de Precificación

La psicología del precio es un campo crucial en el neuromarketing que explora cómo el cerebro de los consumidores responde a las diferentes estrategias de fijación de precios. Este capítulo explora en detalle cómo las estrategias de precio influyen en las percepciones y decisiones de compra de los consumidores.

Percepción del Valor y Estrategias de Precio

La forma en que se presenta el precio de un producto influye en la percepción de su valor. Estrategias como el anclaje de precios, la numeración, la comparación y las estrategias de descuento pueden cambiar la forma en que los consumidores valoran un producto.

Neurociencia del Precio: Cómo el Cerebro Procesa la Información de Precios

La neurociencia revela que el cerebro de los consumidores responde de manera diferente a diversos tipos de precios. Los estudios muestran cómo ciertos precios activan áreas cerebrales asociadas con la recompensa, el placer o la percepción de ganga.

Efecto del Contexto en la Percepción del Precio

El contexto en el que se presenta el precio puede influir significativamente en la percepción del consumidor. La neurociencia del precio estudia cómo factores como el lugar, el momento y la presentación afectan la forma en que se percibe un precio.

Sensibilidad al Precio y Estrategias de Fijación de Precios

La sensibilidad al precio varía entre los consumidores. La neurociencia del precio analiza cómo la fijación de precios dinámica, los precios psicológicos (99, 199) o las estrategias de precios premium pueden impactar en diferentes segmentos de consumidores.

Estrategias de Descuento y Promoción

Los descuentos y promociones tienen un efecto significativo en el comportamiento del consumidor. La neurociencia revela cómo los descuentos porcentuales, los cupones o las ofertas de "compra uno, llévate otro gratis" influyen en la toma de decisiones de compra.

Precios y Percepción de Calidad

El precio puede servir como un indicador de calidad para los consumidores. La neurociencia del precio explora cómo los consumidores asocian un precio más alto con mayor calidad y cómo esta percepción puede influir en sus decisiones de compra.

Impacto de los Decimales y Fracciones en la Percepción de Precio

La elección entre precios redondos y precios que terminan en decimales puede tener un impacto en la percepción del consumidor. La neurociencia del precio muestra cómo los precios exactos pueden ser percibidos como más económicos y atractivos.

Ética en la Fijación de Precios

El uso de estrategias de precio plantea cuestiones éticas. Es crucial aplicar estrategias de precios de manera transparente y ética, evitando prácticas engañosas o manipulativas que puedan afectar negativamente la confianza del consumidor.

Conclusiones

La psicología del precio es fundamental en el neuromarketing, ya que comprende cómo las estrategias de fijación de precios afectan las percepciones y decisiones de los consumidores. Comprender la respuesta del cerebro a los precios permite a los profesionales del marketing desarrollar estrategias de precios más efectivas y éticas.

Capítulo 10: Neuromarketing en el Diseño de Envases y Etiquetas

El neuromarketing en el diseño de envases y etiquetas es un campo que estudia cómo el diseño visual de los envases y las etiquetas influye en las decisiones de compra de los consumidores. Este capítulo explorará detalladamente cómo el diseño de estos elementos puede impactar en la percepción y preferencia del consumidor.

El Rol del Diseño de Envases y Etiquetas en el Neuromarketing

Los envases y etiquetas son elementos clave en la percepción de un producto. La neurociencia aplicada al diseño muestra cómo estos elementos pueden influir en las emociones, la atención y la toma de decisiones del consumidor.

Neurociencia Visual Aplicada al Diseño de Envases

La neurociencia visual examina cómo el diseño gráfico, la tipografía, los colores y la disposición de la información en un envase o etiqueta afectan la percepción y la atracción del consumidor hacia el producto.

Impacto de la Forma y Textura en la Percepción del Envase

La forma y textura de un envase tienen un impacto significativo en la percepción táctil y visual. La neurociencia del diseño de envases analiza cómo estas características pueden influir en la percepción de calidad y la preferencia del consumidor.

Psicología del Color en Etiquetas y Envases

Los colores utilizados en las etiquetas y envases pueden influir en las emociones y asociaciones del consumidor. La psicología del color aplicada al diseño ayuda a transmitir mensajes y crear conexiones emocionales con los consumidores.

Diseño de Etiquetas y Escaneabilidad Cognitiva

La facilidad para escanear y comprender la información en una etiqueta es crucial. La neurociencia del diseño de etiquetas analiza cómo la disposición de la información puede facilitar la toma de decisiones del consumidor en el punto de venta.

Impacto del Storytelling Visual en Envases y Etiquetas

El storytelling visual en envases y etiquetas cuenta una historia sobre el producto. La neurociencia aplicada al storytelling visual muestra cómo este enfoque puede generar conexiones emocionales y destacar los valores del producto.

Diseño de Envases para Diferentes Segmentos de Consumidores

El diseño de envases puede adaptarse a diferentes segmentos de consumidores. La neurociencia del diseño considera cómo las preferencias y sensibilidades de cada grupo demográfico pueden influir en el diseño para atraerlos mejor.

Tecnología y Diseño de Envases Interactivos

La incorporación de tecnología en el diseño de envases y etiquetas ofrece nuevas oportunidades. La neurociencia del diseño interactivo examina cómo la realidad aumentada o códigos QR pueden mejorar la experiencia del consumidor.

Ética en el Diseño de Envases y Etiquetas

Es esencial aplicar principios éticos en el diseño de envases y etiquetas. El neuromarketing debe emplearse de manera transparente y respetuosa, evitando prácticas engañosas o manipulativas que puedan perjudicar la confianza del consumidor.

Conclusiones

El neuromarketing aplicado al diseño de envases y etiquetas demuestra cómo los elementos visuales pueden influir en la percepción y preferencia del consumidor. Comprender cómo el diseño impacta en el cerebro del consumidor permite desarrollar estrategias más efectivas y éticas.

Capítulo 11: Neurociencia del Storytelling: El Arte de Conectar con el Cerebro del Consumidor a través de Narrativas

El storytelling, o arte de contar historias, es una herramienta poderosa en el neuromarketing. Este capítulo explora en detalle cómo las narrativas impactan en el cerebro del consumidor, influyendo en sus emociones, percepciones y decisiones de compra.

El Poder de las Historias en el Neuromarketing

Las historias tienen la capacidad de capturar la atención del consumidor y generar una conexión emocional. La neurociencia del storytelling revela cómo las narrativas activan áreas cerebrales asociadas con la empatía, la memoria y la toma de decisiones.

Neurociencia del Cerebro y las Historias

El cerebro humano está cableado para responder a las historias. La neurociencia demuestra que las narrativas desencadenan la liberación de neurotransmisores como la dopamina, lo que despierta el interés y crea una conexión emocional con el contenido.

Emociones y Empatía en el Storytelling

Las historias que evocan emociones son más memorables. La neurociencia muestra cómo las narrativas emocionales pueden generar empatía en los consumidores, lo que les hace sentir una mayor conexión con los personajes y la historia.

Impacto de las Narrativas en la Memoria

Las historias bien contadas son más fáciles de recordar. La neurociencia del storytelling destaca cómo las narrativas estructuradas de manera convincente pueden aumentar la retención de la información y mejorar la recordación de la marca o el producto.

Construcción de Narrativas en el Marketing

El marketing efectivo se basa en la construcción de historias persuasivas. La neurociencia del storytelling en el marketing explora cómo crear narrativas auténticas y relevantes que conecten con las audiencias y generen una respuesta emocional.

Elementos Clave del Storytelling Efectivo

La estructura, personajes, conflictos y resoluciones son elementos esenciales en el storytelling efectivo. La neurociencia del storytelling analiza cómo estos elementos pueden influir en la respuesta del cerebro del consumidor.

Adaptación del Storytelling a Diferentes Medios

El storytelling puede adaptarse a diversos formatos, desde anuncios de televisión hasta contenido en redes sociales o sitios web. La neurociencia del storytelling considera cómo ajustar las historias para cada medio y audiencia específica.

Neurociencia del Engagement a través de Historias Interactivas

Las historias interactivas involucran al consumidor en el proceso narrativo. La neurociencia del storytelling interactivo muestra cómo estas experiencias participativas aumentan el compromiso y la conexión emocional con la marca.

Ética en el Uso del Storytelling en Marketing

El uso del storytelling en marketing debe ser ético y auténtico. Es esencial mantener la veracidad y la transparencia en las narrativas, evitando manipulaciones o falsas representaciones que puedan afectar la confianza del consumidor.

Conclusiones

El storytelling efectivo en el neuromarketing tiene un impacto significativo en la percepción y la respuesta del consumidor. Comprender cómo las historias influyen en el cerebro del consumidor permite desarrollar estrategias más efectivas y emocionalmente persuasivas.

Capítulo 12: Marketing Digital: Impacto de las Estrategias Online en la Mente del Consumidor

El marketing digital ha transformado la manera en que las marcas se conectan con los consumidores. En este capítulo, exploraremos cómo las estrategias online afectan la mente del consumidor desde la perspectiva del neuromarketing y la psicología del comportamiento.

Evolución del Marketing en el Entorno Digital

El auge del marketing digital ha cambiado la forma en que las marcas interactúan con los consumidores. La adaptación a las nuevas plataformas y canales online ha permitido una comunicación más directa e inmediata.

Neurociencia de la Experiencia del Usuario (UX) Online

La experiencia del usuario en entornos digitales es fundamental. La neurociencia del UX analiza cómo el diseño de páginas web, la navegación y la interactividad afectan la percepción del consumidor y su compromiso con la marca.

Personalización y Segmentación en Estrategias Online

La personalización de contenido y la segmentación de audiencia son estrategias clave en el marketing digital. La neurociencia muestra cómo la adaptación de mensajes a los intereses individuales mejora la respuesta del consumidor.

Impacto de las Redes Sociales en el Comportamiento del Consumidor

Las redes sociales son plataformas poderosas en el marketing digital. La neurociencia de las redes sociales explora cómo el contenido, la interacción y la influencia de las redes impactan en las decisiones de compra y en la percepción de la marca.

Neuromarketing en Publicidad Online

La publicidad en línea se adapta a los comportamientos y preferencias del consumidor. La neurociencia de la publicidad digital muestra cómo los anuncios interactivos, vídeos y banners impactan en la atención y memoria del consumidor.

Neuropsicología del E-mail Marketing y Automatización

El e-mail marketing y la automatización de campañas tienen un impacto en la mente del consumidor. La neuropsicología del e-mail marketing analiza cómo los correos electrónicos personalizados influyen en las decisiones de compra.

Neuroventas y Neuromarketing en eCommerce

El eCommerce se beneficia de estrategias de neuromarketing. La neurociencia de las ventas online explora cómo la presentación de productos, los colores y la simplicidad del proceso de compra afectan las decisiones del consumidor.

Cognición y Toma de Decisiones en el Marketing de Contenidos

El marketing de contenidos se basa en la comprensión de la cognición del consumidor. La neurociencia del marketing de contenidos muestra cómo el storytelling, infografías y vídeos impactan en la comprensión y toma de decisiones.

Integración de Tecnologías Emergentes en el Marketing Digital

Las tecnologías emergentes como la realidad aumentada o la inteligencia artificial están transformando el marketing digital. La neurociencia de estas tecnologías muestra cómo influyen en la experiencia del consumidor.

Ética en el Marketing Digital

El uso ético de estrategias digitales es esencial. Es crucial aplicar el neuromarketing y las estrategias digitales de manera transparente, respetando la privacidad y evitando prácticas manipulativas o invasivas.

Conclusiones

El marketing digital tiene un impacto profundo en la mente del consumidor. Comprender cómo las estrategias online influyen en las emociones, percepciones y decisiones del consumidor permite desarrollar estrategias más efectivas y éticas en el entorno digital.

Capítulo 13: Neuromarketing Social: Influencia de las Redes Sociales en el Comportamiento de Compra

Las redes sociales han revolucionado la forma en que las personas se conectan, comunican e interactúan con el mundo. Desde el punto de vista del neuromarketing, el impacto de estas plataformas en el comportamiento de compra es significativo y merece una exploración detallada.

Neurociencia de la Interacción en Redes Sociales

Las redes sociales activan áreas cerebrales asociadas con la gratificación y la interacción social. Estas plataformas desencadenan la liberación de dopamina, generando una sensación de placer y conexión cuando se interactúa con contenido o se reciben likes y comentarios.

Influencia de las Redes Sociales en las Decisiones de Compra

Las redes sociales juegan un papel crucial en el proceso de toma de decisiones de compra. Las opiniones de amigos, influencers y reseñas impactan en la percepción de un producto o servicio, influyendo en la intención de compra de un individuo.

Neurociencia del Contenido Viral y Engageable

El contenido en redes sociales tiene la capacidad de volverse viral. La neurociencia muestra cómo el contenido que despierta emociones intensas, es compartible y provoca interacción activa puede propagarse rápidamente, afectando la percepción de una marca o producto.

Efecto de la Publicidad en Redes Sociales en la Mente del Consumidor

La publicidad en plataformas sociales se adapta a las preferencias y comportamientos del usuario. La neurociencia de la publicidad en redes muestra cómo los anuncios personalizados y relevantes impactan en la memoria y en la toma de decisiones.

Influencers y su Impacto Neuroemocional en el Consumidor

Los influencers tienen un poder significativo en la influencia del comportamiento de compra. La neurociencia muestra cómo la conexión emocional con un influencer puede afectar la percepción de un producto y la intención de compra del consumidor.

Feedback y Social Proof en Redes Sociales

El feedback y la validación social son importantes en las decisiones de compra. La neurociencia muestra cómo los likes, comentarios y reseñas actúan como "pruebas sociales", afectando la percepción de confianza en un producto o servicio.

Uso de Neurodatos para la Optimización en Redes Sociales

La recolección de datos en redes sociales permite la optimización de estrategias. La neurociencia de los datos sociales analiza cómo utilizar esta información para personalizar contenido, segmentar audiencias y mejorar el impacto de las campañas.

Ética en el Neuromarketing Social

El uso ético de estrategias en redes sociales es crucial. Es necesario respetar la privacidad del usuario, evitar la manipulación excesiva y garantizar la transparencia en la comunicación para construir una relación de confianza con el consumidor.

Conclusiones

Las redes sociales tienen un impacto profundo en el comportamiento de compra. Comprender cómo estas plataformas influyen en las emociones, percepciones y decisiones del consumidor permite desarrollar estrategias de marketing más efectivas y éticas en entornos sociales.

Capítulo 14: Neuromarketing en Publicidad: Técnicas Efectivas para Estimular la Respuesta Cerebral

La publicidad es un campo clave en el neuromarketing, ya que busca comprender cómo estimular respuestas cerebrales que impacten en las emociones, percepciones y decisiones de los consumidores. Este capítulo explora las técnicas efectivas empleadas en la publicidad desde una perspectiva neuromarketing.

Fundamentos del Neuromarketing en la Publicidad

El neuromarketing en la publicidad se basa en comprender cómo el cerebro responde a estímulos específicos. Investigaciones en neurociencia cognitiva y comportamental permiten desarrollar estrategias publicitarias más efectivas.

Neurociencia del Atractivo Visual en la Publicidad

El diseño visual en la publicidad desencadena respuestas cerebrales. La neurociencia revela cómo colores, formas, imágenes y diseño gráfico impactan en la atracción y retención de la atención del consumidor.

Impacto de las Emociones en la Publicidad Neuromarketing

Las emociones desempeñan un papel crucial en la publicidad efectiva. La neurociencia muestra cómo la generación de emociones positivas o la conexión emocional con el contenido publicitario influyen en la respuesta cerebral del consumidor.

Neuromarketing en la Creación de Mensajes Persuasivos

Los mensajes publicitarios pueden ser optimizados para maximizar su impacto. La neurociencia del lenguaje revela cómo la estructura, palabras y tono en los mensajes publicitarios afectan la respuesta cerebral del consumidor.

Uso de la Neuroimagen en el Estudio de la Publicidad

Las técnicas de neuroimagen, como la resonancia magnética funcional (fMRI), permiten estudiar la actividad cerebral frente a anuncios publicitarios. Estas herramientas ayudan a comprender mejor las respuestas cerebrales ante la publicidad.

Efectividad de la Publicidad Audiovisual en el Neuromarketing

La publicidad audiovisual tiene un gran impacto. La neurociencia muestra cómo la combinación de imágenes y sonido en anuncios televisivos o vídeos online influye en la memoria y la percepción del mensaje.

Neurociencia de la Publicidad Interactiva

La publicidad interactiva estimula la participación del consumidor. La neurociencia muestra cómo las interacciones en anuncios digitales o experiencias publicitarias interactivas impactan en la respuesta cerebral del consumidor.

Influencia del Neuromarketing en la Estrategia de Medios

La neurociencia orienta la elección de medios publicitarios más efectivos. Analiza cómo el comportamiento del consumidor en distintos canales y plataformas impacta en la respuesta cerebral frente a la publicidad.

Neuromarketing Ético en la Publicidad

Es fundamental emplear el neuromarketing de manera ética en la publicidad. Respetar la privacidad del consumidor, evitar la manipulación excesiva y garantizar la transparencia en las estrategias publicitarias es esencial.

Conclusiones

El neuromarketing aplicado a la publicidad busca comprender y estimular respuestas cerebrales que influyen en las emociones, percepciones y decisiones de los consumidores. Su aplicación efectiva y ética puede conducir a estrategias publicitarias más impactantes y exitosas.

Capítulo 15: Neuromarketing y Neuroliderazgo: Aplicaciones en la Gestión Empresarial

El neuromarketing y el neuroliderazgo son áreas interconectadas que encuentran aplicaciones valiosas en la gestión empresarial. Este capítulo explora cómo las estrategias del neuromarketing y los principios del neuroliderazgo pueden influir en la toma de decisiones empresariales y en la gestión de equipos de trabajo.

Fundamentos del Neuromarketing y Neuroliderazgo

El neuromarketing se centra en comprender cómo el cerebro del consumidor responde a estímulos de marketing, mientras que el neuroliderazgo se enfoca en aplicar conocimientos del cerebro a la gestión y liderazgo de equipos. Ambos tienen bases neurocientíficas que buscan optimizar resultados.

Aplicaciones del Neuromarketing en la Gestión Empresarial

El neuromarketing puede aplicarse en la gestión empresarial para comprender mejor a los clientes, desarrollar estrategias de ventas más efectivas y diseñar productos que se alineen con las preferencias del mercado. Utiliza datos del comportamiento del consumidor para tomar decisiones estratégicas.

Neuroliderazgo y su Impacto en la Gestión de Equipos

El neuroliderazgo se enfoca en comprender cómo el cerebro humano responde al liderazgo y cómo se pueden aplicar estos conocimientos para motivar, inspirar y dirigir equipos de trabajo de manera más efectiva. Considera la importancia de la empatía, la motivación y la comunicación en el liderazgo.

Toma de Decisiones basada en Principios del Neuromarketing

Las decisiones empresariales pueden ser influenciadas por principios del neuromarketing. Entender cómo las emociones, la percepción y la toma de decisiones del consumidor pueden afectar las estrategias empresariales permite tomar decisiones más informadas y acertadas.

Liderazgo y Comunicación Efectiva basada en el Neuroliderazgo

El neuroliderazgo considera cómo la comunicación, el establecimiento de metas claras y la construcción de relaciones efectivas pueden optimizar el desempeño del equipo. Se enfoca en liderar desde una posición empática y motivadora.

Neurociencia aplicada a la Cultura Organizacional

La neurociencia también puede informar sobre cómo diseñar una cultura organizacional efectiva. Comprender cómo el cerebro responde a los entornos laborales y cómo promover la colaboración, la innovación y el bienestar emocional en el trabajo.

Estrategias de Motivación y Compromiso basadas en Principios Neurológicos

El neuroliderazgo considera estrategias para motivar y comprometer a los empleados utilizando principios neurológicos. Explora cómo recompensas, reconocimiento y autonomía pueden aumentar la motivación y el compromiso en el entorno laboral.

Aplicaciones Éticas del Neuromarketing y Neuroliderazgo

Es fundamental aplicar tanto el neuromarketing como el neuroliderazgo de manera ética en el ámbito empresarial. Se deben respetar la privacidad, la integridad y los derechos de los empleados y clientes en todas las estrategias implementadas.

Conclusiones

La combinación del neuromarketing y el neuroliderazgo ofrece herramientas valiosas para la gestión empresarial. Comprender cómo el cerebro humano responde a estímulos de marketing y liderazgo permite a las empresas optimizar sus estrategias y fomentar entornos laborales más efectivos y motivadores.

Capítulo 16: Ética en Neuromarketing: Límites y Responsabilidades en la Influencia Cerebral

El neuromarketing, al aprovechar los conocimientos sobre el funcionamiento del cerebro humano en el contexto del marketing y la publicidad, plantea importantes interrogantes éticas sobre el límite de la influencia y la responsabilidad en el comportamiento del consumidor.

Fundamentos Éticos del Neuromarketing

El neuromarketing ético se basa en el respeto a la privacidad, la transparencia y la honestidad en las estrategias de influencia. Busca equilibrar los objetivos comerciales con el bienestar y los derechos del consumidor.

Privacidad y Consentimiento del Consumidor

El respeto a la privacidad del consumidor es esencial en el neuromarketing. El consentimiento informado sobre el uso de datos neurológicos para influir en las decisiones de compra es fundamental para mantener la ética en estas prácticas.

Manipulación versus Información Persuasiva

La línea entre la persuasión ética y la manipulación en el neuromarketing es delicada. Se deben evitar prácticas que busquen manipular de manera indebida las decisiones del consumidor, garantizando que la información proporcionada sea clara y veraz.

Ética en la Publicidad y Mensajes Subliminales

El uso de técnicas subliminales plantea dilemas éticos. Es crucial garantizar que los mensajes publicitarios sean éticos y no busquen influir de manera subconsciente o manipulativa en las decisiones del consumidor sin su consentimiento informado.

Respeto a la Diversidad y Sensibilidad Cultural

El neuromarketing ético considera la diversidad cultural y los valores éticos de diferentes grupos sociales. Evita estrategias que puedan resultar ofensivas o discriminatorias, respetando la sensibilidad cultural de cada audiencia.

Responsabilidad Social Corporativa en Neuromarketing

Las empresas tienen la responsabilidad de contribuir positivamente a la sociedad. El neuromarketing ético promueve estrategias que no solo buscan maximizar beneficios económicos, sino que también tienen en cuenta el impacto social y ambiental.

Transparencia en la Comunicación de Prácticas Neuromarketing

La transparencia es clave en el neuromarketing ético. Las empresas deben comunicar de manera clara y accesible las estrategias neurológicas utilizadas en sus campañas publicitarias, brindando información adecuada a los consumidores.

Regulación y Normativas Éticas en Neuromarketing

La implementación de regulaciones y normativas éticas es importante para mantener prácticas éticas en el neuromarketing. Establecer estándares y supervisión ética ayuda a proteger los derechos y la privacidad de los consumidores.

Educación y Concienciación sobre Neuromarketing Ético

Fomentar la educación y la conciencia sobre el neuromarketing ético es esencial. Tanto consumidores como profesionales en el campo del marketing deben comprender los límites éticos y las implicaciones de las estrategias neurológicas en el comportamiento del consumidor.

Conclusiones

El neuromarketing ético busca equilibrar la influencia cerebral con la responsabilidad y el respeto hacia los consumidores. Promueve prácticas transparentes, respetuosas y socialmente responsables para garantizar que la influencia cerebral se utilice de manera ética y no invasiva.

Capítulo 17: Neuroventas: Estrategias para Optimizar el Proceso de Venta

Las neuroventas se centran en comprender el comportamiento del consumidor desde una perspectiva neurocientífica para mejorar las estrategias de venta y potenciar la efectividad en el proceso de comercialización. Estas estrategias utilizan conocimientos sobre cómo el cerebro toma decisiones para optimizar las ventas.

Neurociencia detrás de las Decisiones de Compra

La neurociencia revela que las decisiones de compra no son exclusivamente racionales, sino que están influenciadas por emociones y procesos subconscientes. Comprender estos aspectos permite desarrollar estrategias más efectivas en ventas.

Emociones y Ventas: Conexión Profunda

Las emociones desempeñan un papel crucial en las ventas. La neurociencia muestra cómo generar emociones positivas en los clientes puede aumentar la probabilidad de cierre de ventas, debido a la conexión emocional con el producto o servicio.

Neurociencia del Proceso de Toma de Decisiones del Cliente

El proceso de toma de decisiones de compra está influenciado por áreas del cerebro relacionadas con la emoción y la memoria. Comprender estos procesos permite adaptar las estrategias de venta para influir en las decisiones de los clientes.

Técnicas de Persuasión basadas en la Neurociencia

Las técnicas de persuasión se basan en principios neurocientíficos. Factores como la escasez, la autoridad, la reciprocidad y la consistencia son elementos que, cuando se aplican correctamente, pueden influir en la decisión de compra del cliente.

Neurociencia en la Comunicación de Ventas

La neurociencia ayuda a entender cómo comunicar eficazmente los beneficios de un producto o servicio. Establecer una narrativa convincente, usar un lenguaje persuasivo y mostrar empatía pueden influir en la decisión de compra del cliente.

Optimización del Entorno de Compra basado en la Neurociencia

El entorno de compra puede influir en las decisiones de los clientes. La disposición del espacio, la presentación visual y la música pueden ser ajustadas para crear un entorno más propicio para la venta.

Neuroventas en la Experiencia del Cliente

Las estrategias de neuroventas buscan mejorar la experiencia del cliente. Comprender cómo el cliente percibe y experimenta el proceso de compra permite optimizar cada etapa para aumentar la satisfacción y fidelización.

Integración de la Tecnología en las Estrategias de Neuroventas

La tecnología puede potenciar las estrategias de neuroventas. El análisis de datos, la inteligencia artificial y la realidad aumentada pueden utilizarse para comprender mejor el comportamiento del cliente y adaptar las estrategias de venta.

Ética en las Neuroventas

Es crucial aplicar las neuroventas de manera ética. Respetar la privacidad del cliente, evitar la manipulación y proporcionar información veraz son principios fundamentales para mantener la ética en estas estrategias.

Conclusiones

Las neuroventas buscan entender el comportamiento del cliente desde una perspectiva neurológica para optimizar las estrategias de venta. Al comprender cómo el cerebro humano influye en las decisiones de compra, se pueden desarrollar estrategias más efectivas y éticas en el proceso de comercialización.

Capítulo 18: Neuromarketing en el Retail: Mejora de la Experiencia de Compra en Tiendas Físicas

El neuromarketing aplicado al entorno del retail se enfoca en comprender cómo el cerebro de los consumidores responde a estímulos específicos dentro de las tiendas físicas. Este capítulo explora estrategias y técnicas basadas en la neurociencia para mejorar la experiencia de compra en estos espacios.

Entendiendo el Comportamiento del Consumidor en el Retail

El comportamiento del consumidor en entornos comerciales está influenciado por factores sensoriales, emocionales y cognitivos. El neuromarketing busca comprender cómo estos factores impactan las decisiones de compra en tiendas físicas.

Diseño de Tiendas basado en la Neurociencia

El diseño del entorno retail se puede optimizar utilizando principios de la neurociencia. Factores como la disposición del espacio, la iluminación, los colores, la música y la señalización pueden influir en la experiencia del cliente y en sus decisiones de compra.

Neuromarketing Sensorial en el Retail

El neuromarketing sensorial aprovecha los sentidos para crear experiencias memorables en las tiendas. Olores, texturas, sonidos y estímulos visuales se utilizan estratégicamente para estimular emociones y crear conexiones con los productos.

Optimización del Producto y Presentación en el Punto de Venta

La presentación de productos en el punto de venta puede ser mejorada utilizando conocimientos de la neurociencia. Estrategias como el posicionamiento, la organización de los productos y el packaging pueden influir en la percepción y preferencia del consumidor.

Estímulo Emocional y Experiencia de Marca

Las emociones desempeñan un papel clave en la experiencia de compra. El neuromarketing busca crear experiencias emocionales positivas que fortalezcan la conexión emocional entre el consumidor y la marca, incentivando la fidelización.

Uso de la Tecnología en el Entorno Retail

La tecnología puede ser una aliada en el neuromarketing retail. Desde el uso de sensores para analizar el comportamiento del cliente hasta la implementación de realidad aumentada para mejorar la interacción y experiencia de compra.

Personalización de la Experiencia de Compra

El neuromarketing busca personalizar la experiencia de compra en tiendas físicas. Estrategias como la segmentación de clientes, el uso de datos y la adaptación de ofertas pueden satisfacer las necesidades individuales y aumentar la satisfacción del cliente.

Medición y Análisis de Datos en el Retail Neurocientífico

La recopilación y análisis de datos juegan un papel crucial. Herramientas como el seguimiento ocular, el monitoreo de expresiones faciales y las encuestas pueden proporcionar información valiosa para comprender el comportamiento del consumidor en el retail.

Ética en la Implementación del Neuromarketing en el Retail

Es fundamental aplicar el neuromarketing en el retail de manera ética. Respetar la privacidad del consumidor, ser transparente en las prácticas implementadas y evitar la manipulación indebida son principios clave para mantener la ética en estas estrategias.

Conclusiones

El neuromarketing en el retail busca mejorar la experiencia de compra en tiendas físicas al comprender y aplicar conocimientos de la neurociencia en el diseño, presentación de productos, estímulo emocional y uso de la tecnología. Aplicado éticamente, puede potenciar la satisfacción del cliente y la eficacia en ventas.

Capítulo 19: Neurofeedback y Marketing: Uso de la Retroalimentación Cerebral en Estrategias Comerciales

El neurofeedback, una técnica que permite observar la actividad cerebral en tiempo real, se ha convertido en una herramienta valiosa para comprender las respuestas cerebrales de los consumidores ante estímulos comerciales. Este capítulo explora cómo se aplica esta técnica en estrategias de marketing y ventas.

Fundamentos del Neurofeedback y su Relación con el Marketing

El neurofeedback es un método que utiliza dispositivos de neuroimagen para monitorizar la actividad cerebral. En el contexto del marketing, se emplea para capturar las reacciones cerebrales de los consumidores ante estímulos de productos o campañas publicitarias.

Tecnología y Métodos en Neurofeedback Aplicado al Marketing

La tecnología utilizada en el neurofeedback ha evolucionado, permitiendo un monitoreo más preciso y accesible de la actividad cerebral. Técnicas como la resonancia magnética funcional (fMRI), electroencefalografía (EEG) y la near-infrared spectroscopy (NIRS) se aplican para analizar las respuestas cerebrales en el entorno comercial.

Comportamiento del Consumidor a través del Neurofeedback

El neurofeedback permite comprender en tiempo real cómo el cerebro responde a estímulos específicos. Analiza la atención, emociones, memorias asociativas y otros procesos cognitivos que impactan en las decisiones de compra del consumidor.

Aplicaciones del Neurofeedback en el Desarrollo de Productos

El neurofeedback se utiliza en el desarrollo de productos para evaluar la receptividad del consumidor. Permite identificar características atractivas y áreas de mejora en productos y servicios mediante la observación directa de las respuestas cerebrales.

Neurofeedback en la Evaluación de Campañas Publicitarias

El neurofeedback es útil para evaluar la eficacia de campañas publicitarias. Permite identificar qué elementos de una campaña activan respuestas positivas en el cerebro del consumidor, facilitando ajustes para aumentar su impacto.

Personalización de Estrategias de Marketing con Neurofeedback

El neurofeedback posibilita la personalización de estrategias de marketing. Al comprender las preferencias cerebrales individuales, las empresas pueden adaptar sus mensajes y productos para alcanzar una mayor resonancia con sus clientes.

Éxito en Ventas y Neurofeedback

El neurofeedback contribuye al éxito en ventas al optimizar estrategias de marketing. Las empresas pueden utilizar la información obtenida para tomar decisiones más informadas y efectivas, maximizando el impacto de sus iniciativas comerciales.

Desafíos Éticos en el Uso del Neurofeedback en Marketing

El uso del neurofeedback plantea desafíos éticos, incluyendo la privacidad y el consentimiento del consumidor. Es fundamental asegurar que se respeten los derechos y la integridad del individuo en la recopilación y uso de datos cerebrales.

Futuro del Neurofeedback en el Marketing

El neurofeedback promete un futuro emocionante en el mundo del marketing. Su aplicación continuada puede conducir a un marketing más preciso y personalizado, mejorando la experiencia del consumidor y la efectividad de las estrategias comerciales.

Conclusiones

El uso del neurofeedback en estrategias comerciales ofrece una ventana al comportamiento cerebral del consumidor, permitiendo a las empresas comprender y ajustar sus estrategias de marketing y ventas de manera más precisa y efectiva, siempre y cuando se aplique de manera ética y con el debido respeto a la privacidad del individuo.

Capítulo 20: Neuroplasticidad y Cambio de Hábitos de Consumo

La neuroplasticidad, la capacidad del cerebro para cambiar y adaptarse, ofrece una perspectiva prometedora para comprender y modificar los hábitos de consumo. Este capítulo explora cómo se puede aplicar el concepto de neuroplasticidad en la modificación de los patrones de consumo.

Neuroplasticidad y Adaptación del Cerebro

La neuroplasticidad se refiere a la capacidad del cerebro para reorganizarse y cambiar en respuesta a la experiencia y al aprendizaje. Esta capacidad permite al cerebro adaptarse a nuevas circunstancias y aprender nuevas habilidades.

Hábitos de Consumo y Conexiones Neuronales

Los hábitos de consumo están arraigados en las conexiones neuronales del cerebro. Se forman a través de la repetición y la asociación entre estímulos y respuestas, generando conexiones neuronales que refuerzan esos comportamientos.

Comprender la Formación de Hábitos desde una Perspectiva Neurológica

La formación de hábitos está relacionada con la consolidación de circuitos neuronales específicos. Estos circuitos se fortalecen con la repetición, convirtiendo los comportamientos en automáticos y difíciles de cambiar.

Neuroplasticidad y Posibilidad de Cambio de Hábitos

A pesar de la arraigada naturaleza de los hábitos, la neuroplasticidad sugiere que el cerebro es maleable y adaptable. Se pueden crear nuevas conexiones neuronales y modificar hábitos existentes a través de estrategias específicas.

Técnicas para Modificar Hábitos desde la Perspectiva de la Neuroplasticidad

La modificación de hábitos puede ser facilitada utilizando enfoques basados en la neuroplasticidad. Estrategias como la repetición consciente, el establecimiento de metas claras, el reemplazo de comportamientos y la visualización pueden ayudar a cambiar los hábitos.

Neurociencia Aplicada al Cambio de Hábitos de Consumo

La aplicación de la neurociencia en el cambio de hábitos de consumo implica comprender cómo ciertos estímulos y recompensas activan áreas específicas del cerebro. Identificar y manipular estos circuitos neuronales puede facilitar la modificación de los hábitos.

Personalización de Estrategias de Cambio de Hábitos

La personalización es clave para el cambio efectivo de hábitos. La comprensión de la neuroplasticidad permite adaptar las estrategias de cambio a las características individuales de cada persona, maximizando la efectividad.

Tiempo y Persistencia en el Cambio de Hábitos según la Neuroplasticidad

El cambio de hábitos requiere tiempo y persistencia. La neuroplasticidad sugiere que la repetición y la consistencia son fundamentales para establecer nuevas conexiones neuronales y consolidar nuevos patrones de comportamiento.

Aplicaciones Prácticas del Conocimiento de la Neuroplasticidad en el Consumo

El conocimiento sobre la neuroplasticidad puede aplicarse en diversas áreas del consumo, como la adopción de hábitos saludables, la reducción del consumo compulsivo o la promoción de decisiones de compra más conscientes.

Ética en la Aplicación de la Neuroplasticidad en el Consumo

Es esencial aplicar los principios éticos al utilizar conocimientos sobre neuroplasticidad en el consumo. Respetar la privacidad, el consentimiento informado y evitar la manipulación son fundamentales en la implementación de estrategias basadas en la neuroplasticidad.

Conclusiones

La comprensión de la neuroplasticidad ofrece un enfoque poderoso para comprender y cambiar los hábitos de consumo. Utilizando estrategias basadas en la plasticidad cerebral, es posible modificar patrones arraigados, promoviendo un consumo más consciente y saludable, siempre y cuando se aplique de manera ética y respetuosa.

Capítulo 21: Neuromarketing: Éxito y Fracaso - Lecciones de Campañas Memorables y Errores Comunes

El neuromarketing ofrece una ventana única para analizar las campañas publicitarias exitosas y los errores comunes que han marcado la historia del marketing. Este capítulo explora ejemplos notables de ambos extremos y las lecciones valiosas que se pueden extraer de ellos.

Éxito en Campañas de Neuromarketing: Lecciones Aprendidas

1. **Coca-Cola y la Emoción:** La longevidad de Coca-Cola se atribuye a su capacidad para evocar emociones positivas y asociarse con experiencias compartidas.

2. **Apple y el Poder de la Narrativa:** La historia detrás de Apple, centrada en la creatividad y la innovación, ha creado una comunidad de seguidores fieles.

3. **Nike y la Inspiración:** Campañas como "Just Do It" se enfocan en inspirar a través de narrativas poderosas que van más allá del producto.

4. **Dove y la Autenticidad:** Enfoque en campañas que promueven la autoaceptación y la diversidad, conectando emocionalmente con su audiencia.

5. **Amazon y la Experiencia del Cliente:** Su enfoque implacable en la experiencia del cliente y la conveniencia ha sido clave en su éxito.

Errores Comunes en Campañas de Neuromarketing: Lecciones a Considerar

1. **Pepsi y la Controversia:** La campaña de Pepsi con Kendall Jenner falló al tratar de capitalizar asuntos sociales sensibles sin autenticidad.

2. **McDonald's y la Percepción Errónea:** Intentos fallidos de cambiar su imagen sin comprender completamente las expectativas del cliente.

3. **Colgate y la Interpretación Incorrecta:** Una campaña que involucraba helado con pasta dental, que fue percibida de manera confusa por el público.

4. **Red Bull y la Exclusividad:** Explotar estrategias agresivas de marketing, a veces alienando a ciertos segmentos de la audiencia.

5. **New Coke y la Falta de Conexión Emocional:** Un ejemplo clásico de cambiar un producto amado sin considerar la conexión emocional del consumidor.

Lecciones Clave de Campañas Exitosas y Fracasadas

1. **Conocer a tu Audiencia:** Las campañas exitosas entienden a su público objetivo a un nivel emocional y cognitivo.

2. **Autenticidad y Coherencia:** La autenticidad en el mensaje y la coherencia con la identidad de la marca son fundamentales.

3. **Emociones y Conexión:** Las campañas efectivas evocan emociones genuinas y buscan conectar con la audiencia en un nivel más profundo.

4. **Adaptación y Flexibilidad:** La capacidad de adaptarse a los cambios del mercado y ser flexible en la estrategia es esencial.

5. **Aprendizaje de los Errores:** Los fracasos pueden proporcionar lecciones valiosas para el crecimiento y el éxito futuro.

Conclusión: Integrando Aprendizajes en Estrategias Futuras

El neuromarketing ofrece una ventana para comprender y aprender de campañas exitosas y errores comunes. Integrar estas lecciones en futuras estrategias permite a las marcas avanzar con una comprensión más profunda de las necesidades y emociones de sus consumidores, llevando a campañas más efectivas y auténticas.

Capítulo 22: Perspectivas Futuras del Neuromarketing: Avances Tecnológicos y Tendencias Emergentes

El neuromarketing se encuentra en constante evolución, impulsado por avances tecnológicos y tendencias emergentes que están remodelando la forma en que las marcas entienden y se conectan con sus consumidores. En este capítulo, exploraremos las proyecciones futuras y las innovaciones que podrían transformar el campo del neuromarketing.

Integración de Tecnologías Avanzadas en la Investigación Neuromarketing

1. **Realidad Virtual (RV) y Aumentada (RA):** La RV y RA permiten a los investigadores recrear entornos de compra realistas para estudiar las respuestas del consumidor en contextos simulados.

2. **Biosensores y Dispositivos Portátiles:** La incorporación de dispositivos portátiles y biosensores permite la recopilación de datos biométricos en tiempo real, ofreciendo información precisa sobre las respuestas fisiológicas del consumidor.

3. **Inteligencia Artificial (IA) y Aprendizaje Automático:** La IA facilita el análisis de grandes volúmenes de datos y el desarrollo de algoritmos más sofisticados para predecir y comprender el comportamiento del consumidor.

Enfoque Multisensorial y Experiencia del Consumidor

1. **Marketing Sensorial Expandido:** Se espera una mayor exploración de la influencia multisensorial en el neuromarketing, integrando de manera estratégica los sentidos para crear experiencias más inmersivas y memorables.

2. **Personalización a Nivel Cognitivo:** Utilizando tecnologías avanzadas, las marcas podrán personalizar no solo los mensajes, sino también la experiencia cognitiva del consumidor, adaptando los estímulos de acuerdo con su perfil psicológico.

Ética y Privacidad en el Neuromarketing Futuro

1. **Transparencia y Consentimiento:** Se espera un mayor énfasis en la transparencia y el consentimiento en la recopilación de datos neuronales, garantizando la privacidad y la ética en el uso de la información del consumidor.

2. **Regulaciones y Directrices:** A medida que el neuromarketing avanza, es probable que surjan regulaciones más estrictas para salvaguardar los derechos y la privacidad de los individuos en relación con la información cerebral recopilada.

Neuromarketing y Digitalización del Comercio

1. **Estrategias en Comercio Electrónico:** La aplicación del neuromarketing se intensificará en entornos digitales, utilizando análisis de datos para comprender y optimizar la experiencia del usuario en plataformas en línea.

2. **Interacción Cerebro-Computadora (ICC):** El desarrollo de interfaces cerebro-ordenador permitirá interacciones más directas entre la mente del consumidor y la tecnología, ofreciendo oportunidades innovadoras para el neuromarketing.

Adopción del Neuromarketing en Diversos Sectores y Contextos

1. **Salud y Bienestar:** Se prevé una mayor utilización del neuromarketing en la promoción de hábitos saludables y en la creación de estrategias de bienestar, utilizando técnicas neurocientíficas para motivar cambios de comportamiento.

2. **Educación y Aprendizaje:** La aplicación del neuromarketing en la educación se enfocará en estrategias personalizadas para la enseñanza, adaptando métodos de aprendizaje según la actividad cerebral de los estudiantes.

Conclusiones: El Futuro Prometedor del Neuromarketing

El futuro del neuromarketing se vislumbra lleno de avances tecnológicos y tendencias emergentes que transformarán la manera en que las marcas comprenden y se conectan con sus consumidores.

Capítulo 23: Neuromarketing y Personalización: La Experiencia del Consumidor a Medida

El neuromarketing ha revolucionado la forma en que las marcas interactúan con sus consumidores. En este capítulo, exploraremos cómo la personalización, basada en técnicas neuromarketing, está moldeando la experiencia del consumidor para adaptarse a sus preferencias individuales.

Entendiendo la Personalización en el Contexto del Neuromarketing

1. **Definiendo la Personalización:** La personalización se centra en adaptar los mensajes, productos o servicios para satisfacer las necesidades y preferencias específicas de cada individuo.

2. **Enfoque Neuromarketing:** La personalización en el neuromarketing se basa en la comprensión profunda de las respuestas cerebrales, permitiendo ajustar estrategias para influir en el comportamiento del consumidor de manera más efectiva.

Técnicas Neuromarketing para la Personalización

1. **Análisis de Datos Biométricos:** La recopilación y el análisis de datos biométricos, como la respuesta emocional y la actividad cerebral, ofrecen información clave para personalizar las interacciones con los consumidores.

2. **Segmentación del Consumidor basada en Perfiles Cognitivos:** La identificación de patrones cognitivos y emocionales permite la creación de segmentos de consumidores más precisos para personalizar las estrategias de marketing.

Experiencia del Consumidor a Medida: Impacto y Beneficios

1. **Conexión Emocional más Profunda:** La personalización genera una conexión emocional más profunda, ya que los consumidores se sienten comprendidos y atendidos en función de sus necesidades individuales.

2. **Fidelización y Lealtad del Cliente:** Las experiencias personalizadas fomentan la lealtad del cliente, ya que se sienten valorados y son más propensos a repetir compras y recomendar la marca.

Personalización en Diversos Canales y Plataformas

1. **Marketing Digital Personalizado:** La personalización se aplica en estrategias digitales, como el contenido personalizado en sitios web, correos electrónicos o anuncios dirigidos, adaptados a las preferencias del consumidor.

2. **Personalización en el Entorno Físico:** En entornos físicos, como tiendas minoristas, se implementan estrategias para personalizar la experiencia de compra, desde la disposición de productos hasta la interacción con el personal.

Desafíos y Consideraciones Éticas

1. **Privacidad y Consentimiento:** Garantizar la privacidad y obtener el consentimiento explícito para recopilar datos personales es esencial en la personalización para evitar invasiones a la privacidad.

2. **Transparencia y Responsabilidad:** Las marcas deben ser transparentes sobre cómo utilizan los datos y ser responsables en el uso ético de la información del consumidor para evitar posibles abusos.

Futuro de la Personalización en Neuromarketing

1. **Integración de Tecnologías Emergentes:** Se espera que la personalización se beneficie de la integración de IA, realidad aumentada, y otras tecnologías emergentes para mejorar la precisión y la efectividad.

2. **Enfoque Continuo en la Experiencia del Consumidor:** La personalización seguirá siendo un enfoque clave en neuromarketing, ya que las marcas buscan ofrecer experiencias más relevantes y significativas para sus consumidores.

Conclusiones: Impacto Transformador de la Personalización Neuromarketing

La personalización, impulsada por el neuromarketing, ha transformado la manera en que las marcas interactúan con los consumidores, ofreciendo experiencias únicas y adaptadas a las preferencias individuales. Al abordar desafíos éticos y adoptar tecnologías emergentes, la personalización continuará siendo un pilar fundamental para la fidelización del cliente y el éxito empresarial.

Capítulo 24: Psicología del E-commerce: Claves para Maximizar las Ventas Online

El comercio electrónico, o e-commerce, se basa en la interacción digital con los consumidores. Desde la óptica de la psicología del consumidor, maximizar las ventas en este entorno se fundamenta en varios pilares:

1. Experiencia del Usuario (UX): La facilidad de navegación, la claridad en la presentación de productos y la simplicidad en el proceso de compra son esenciales para generar una experiencia positiva.

2. Diseño y Colores: Utilizar colores y diseños que resuenen con la audiencia objetivo puede influir significativamente en las decisiones de compra. Colores específicos evocan emociones y pueden dirigir la atención hacia los productos clave.

3. Psicología de Precios: Estrategias como los números redondos, precios con descuentos y la comparación de precios pueden impactar en la percepción de valor del consumidor.

4. Urgencia y Escasez: La creación de un sentido de urgencia mediante limitaciones temporales o de stock puede estimular la toma rápida de decisiones de compra.

5. Personalización y Recomendaciones: Utilizar algoritmos que ofrezcan recomendaciones personalizadas basadas en el historial de navegación y compras anteriores puede aumentar la relevancia de los productos presentados.

6. Social Proof y Testimonios: Mostrar testimonios reales de clientes y calificaciones positivas puede generar confianza y legitimidad en la mente del comprador.

7. Estrategias de Marketing Emocional: Apelar a las emociones del consumidor a través de historias convincentes o imágenes evocadoras puede tener un impacto profundo en la percepción de la marca y la decisión de compra.

8. Optimización de la Página de Pago: Facilitar el proceso de pago con pasos claros y opciones de pago variadas puede reducir la tasa de abandono de carritos.

9. Seguridad y Transparencia: Transmitir seguridad en la protección de datos y transacciones es crucial para ganar la confianza del consumidor.

Conclusiones: La Importancia de la Psicología en el E-commerce

La aplicación efectiva de la psicología del consumidor en el e-commerce puede tener un impacto significativo en las ventas. La comprensión de las motivaciones, comportamientos y percepciones de los consumidores en línea puede guiar estrategias que maximicen la experiencia del usuario y, en última instancia, impulsen las conversiones y la fidelización del cliente.

Capítulo 25: Marketing Sensoriomotor: La Influencia del Movimiento en las Estrategias de Comunicación

El Marketing Sensoriomotor se centra en comprender cómo el movimiento influye en las estrategias de comunicación para captar la atención y generar respuestas emocionales en los consumidores. Aquí se exploran algunas áreas clave:

1. La Conexión Cerebro-Cuerpo en la Percepción del Consumidor

El movimiento, ya sea en la comunicación visual o en la experiencia física, puede activar áreas específicas del cerebro, generando respuestas emocionales y cognitivas en los consumidores.

2. Estrategias de Comunicación Basadas en el Movimiento

- **Publicidad Dinámica:** Anuncios publicitarios que incorporan elementos de movimiento para atraer la atención y transmitir mensajes de manera efectiva.

- **Experiencias Interactivas:** Campañas que invitan a los consumidores a participar activamente, moviéndose o interactuando con la marca.

3. Neuromarketing y Respuestas Sensoriomotoras

- **Estímulo Visual y Movimiento:** Estudios neuromarketing demuestran cómo el movimiento visual puede captar la atención y afectar la percepción de los consumidores sobre un producto o mensaje.

- **Experiencia Táctil y Movimiento:** Estrategias que involucran la experiencia táctil, donde el movimiento puede influir en la percepción de la calidad o la sensación de un producto.

4. Emociones y Movimiento en la Comunicación

- **Expresión Emocional a Través del Movimiento:** Cómo el movimiento puede ser utilizado para transmitir emociones y generar conexiones más profundas con los consumidores.

5. Tecnología y Marketing Sensoriomotor

- **Realidad Aumentada y Realidad Virtual:** El uso de tecnologías inmersivas que involucran el movimiento físico para crear experiencias más convincentes y memorables.

6. Impacto del Movimiento en la Toma de Decisiones del Consumidor

- **Influencia en el Comportamiento de Compra:** Cómo el movimiento puede influir en las decisiones de compra, ya sea en la tienda física o en entornos digitales.

7. Creación de Experiencias Sensoriomotoras Memorables

- **Estrategias de Engagement:** Desarrollo de campañas que involucran movimiento para crear experiencias sensoriomotoras que permanezcan en la memoria del consumidor.

Conclusiones: Importancia del Movimiento en el Marketing Sensoriomotor

El Marketing Sensoriomotor representa una evolución en las estrategias de comunicación, reconociendo el poder del movimiento para captar la atención, generar emociones y mejorar la experiencia del consumidor. La comprensión y aplicación efectiva de cómo el movimiento afecta las respuestas sensoriomotoras puede ser clave para el éxito en el mundo del marketing moderno.

Capítulo 26: Neuroética en Publicidad: Reflexiones sobre el Impacto Ético de las Campañas

La neuroética en publicidad se centra en la evaluación de las prácticas publicitarias desde una perspectiva ética, considerando cómo las estrategias publicitarias pueden influir en el comportamiento del consumidor desde una perspectiva neurocientífica. Aquí se presentan algunas reflexiones importantes:

1. Ética en la Investigación Neuromarketing

- **Privacidad y Consentimiento:** La recopilación de datos cerebrales y biométricos plantea preocupaciones éticas sobre la privacidad y la necesidad de obtener un consentimiento informado.

- **Transparencia en la Metodología:** Es crucial divulgar cómo se recopilan y utilizan los datos neuromarketing para garantizar la transparencia y la confianza del público.

2. Ética en el Uso de Técnicas Neuromarketing en Publicidad

- **Manipulación y Libertad de Elección:** Las estrategias publicitarias basadas en el conocimiento del cerebro plantean interrogantes sobre la manipulación y la capacidad del consumidor para tomar decisiones libres.

- **Responsabilidad de las Marcas:** Las marcas tienen la responsabilidad ética de utilizar la neurociencia en publicidad de manera ética y respetuosa.

3. Ética en la Creación de Contenido Publicitario

- **Autenticidad y Veracidad:** Las campañas publicitarias deben ser auténticas y veraces en la representación de los productos o servicios, evitando la exageración o la manipulación engañosa.

- **Impacto en la Salud Mental:** La publicidad intensiva puede tener repercusiones en la salud mental de los consumidores, planteando preocupaciones éticas sobre la influencia en la autoestima y la percepción del cuerpo.

4. Ética en la Segmentación y Dirigir al Público

- **Privacidad y Segmentación:** El uso de datos para segmentar y dirigirse a audiencias específicas plantea cuestiones éticas sobre la privacidad y la manipulación de preferencias.

5. Ética en la Evaluación del Impacto de las Campañas

- **Evaluación Responsable:** Es fundamental evaluar el impacto real de las campañas publicitarias, considerando no solo los beneficios comerciales sino también el impacto social y psicológico.

Conclusiones: El Compromiso con la Neuroética en Publicidad

La neuroética en publicidad es un campo en evolución, donde la responsabilidad ética y el equilibrio entre los objetivos comerciales y el bienestar del consumidor son cruciales. La reflexión continua y el compromiso con prácticas publicitarias éticas y transparentes son fundamentales para construir relaciones de confianza con los consumidores y la sociedad en general.

Capítulo 27: Neuromarketing y Fidelización de Clientes: Estrategias para Mantener Relaciones a Largo Plazo

La fidelización de clientes es esencial para cualquier negocio, y el neuromarketing puede ofrecer estrategias efectivas para mantener relaciones duraderas con los consumidores. A continuación, se presentan algunas estrategias clave:

1. Conocimiento del Cliente a Través del Neuromarketing

- **Análisis de Preferencias:** Utilizar técnicas neuromarketing para comprender las preferencias de los clientes y adaptar las ofertas según sus necesidades y deseos.

- **Segmentación Precisa:** Segmentar a los clientes según sus perfiles neuropsicológicos para personalizar las estrategias de fidelización.

2. Experiencia del Cliente y Neuropsicología

- **Creación de Experiencias Memorables:** Utilizar principios neuropsicológicos para diseñar experiencias que generen emociones positivas y recuerdos duraderos en los clientes.

- **Atención al Cliente:** Estrategias basadas en la atención personalizada, que desencadenen respuestas emocionales positivas, como la gratitud y la confianza.

3. Neurociencia en la Comunicación con el Cliente

- **Comunicación Persuasiva:** Utilizar técnicas de neuromarketing en mensajes que activen áreas emocionales del cerebro, generando apego emocional a la marca.

- **Consistencia en la Comunicación:** Mantener un mensaje coherente y emocionalmente atractivo en todos los puntos de contacto con el cliente.

4. Lealtad Emocional y Neuromarketing

- **Generación de Sentimiento de Pertenencia:** Estrategias que fomenten la lealtad emocional, como programas de fidelización basados en recompensas emocionales.

- **Valoración de la Marca:** Emplear técnicas neuromarketing para reforzar la valoración de la marca y su asociación con experiencias positivas.

5. Uso de la Tecnología en la Fidelización de Clientes

- **Personalización Tecnológica:** Utilizar la tecnología para personalizar ofertas, recordatorios y experiencias adaptadas a las preferencias neuropsicológicas individuales.

6. Evaluación Neuromarketing del Éxito de la Fidelización

- **Indicadores Neuromarketing:** Evaluar la eficacia de las estrategias de fidelización utilizando métricas neuropsicológicas, como la respuesta emocional a las campañas.

Conclusiones: Importancia de la Fidelización Neuromarketing

La fidelización de clientes a través del neuromarketing implica comprender las motivaciones subyacentes del consumidor y ofrecer experiencias emocionalmente relevantes y personalizadas. El enfoque en la conexión emocional y la adaptación a las necesidades individuales puede generar relaciones duraderas con los clientes.

Capítulo 28: Neuromarketing y Gamificación: Cómo Convertir la Experiencia de Compra en un Juego

La gamificación es la integración de elementos de juego en entornos no lúdicos para incentivar la participación y el compromiso. En el ámbito del neuromarketing, se utilizan estrategias de gamificación para mejorar la experiencia de compra y promover la interacción del consumidor. A continuación, se describen los puntos clave:

1. Fundamentos de la Gamificación en Neuromarketing

- **Motivación Intrínseca:** La gamificación aprovecha la motivación intrínseca del individuo hacia el juego, activando áreas emocionales del cerebro para generar compromiso.

- **Influencia en el Comportamiento:** La gamificación puede influir en las decisiones de compra al crear experiencias interactivas que estimulan respuestas emocionales positivas.

2. Elementos de Gamificación en la Experiencia de Compra

- **Desafíos y Objetivos:** Establecer desafíos, metas o logros dentro del proceso de compra para mantener el interés del consumidor.

- **Recompensas y Reconocimientos:** Ofrecer recompensas tangibles o intangibles para motivar y premiar la participación.

3. Neurociencia y Efectos en la Experiencia del Usuario

- **Respuesta Emocional:** La gamificación puede generar emociones positivas, como placer y satisfacción, que se asocian con la experiencia de compra.

- **Aumento de la Dopamina:** Los elementos lúdicos pueden activar la liberación de dopamina, generando sensaciones de logro y motivación.

4. Estrategias de Gamificación en Neuromarketing

- **Aplicación en Entornos Online y Offline:** Tanto en tiendas físicas como en plataformas online, la gamificación puede mejorar la experiencia del cliente.

- **Personalización de la Experiencia:** Adaptar las estrategias de gamificación según las preferencias y comportamientos individuales de los consumidores.

5. Impacto en la Fidelización y Retención de Clientes

- **Aumento de la Participación:** La gamificación puede aumentar la interacción del consumidor, fomentando la lealtad a la marca.

- **Generación de Experiencias Memorables:** Experiencias de compra gamificadas pueden quedar grabadas en la memoria del consumidor, generando un impacto duradero.

Conclusiones: Importancia de la Gamificación en Neuromarketing

La gamificación en neuromarketing es una herramienta poderosa para mejorar la experiencia de compra al involucrar emociones, motivaciones y experiencias lúdicas en el proceso de consumo. El diseño estratégico y cuidadoso de la gamificación puede potenciar la interacción del consumidor y crear vínculos más sólidos con las marcas.

Capítulo 29: Marketing Experiencial: Creación de Experiencias Memorables a Nivel Cerebral

El marketing experiencial se centra en la creación de experiencias impactantes que generen emociones positivas y memorables en los consumidores. Estas experiencias no solo buscan vender un producto o servicio, sino conectar emocionalmente con los clientes. A continuación, se detallan los aspectos clave:

1. Enfoque en la Emoción y la Experiencia

- **Estímulo Emocional:** El marketing experiencial busca despertar emociones a través de experiencias sensoriales, cognitivas y afectivas.

- **Conexión Emocional:** Busca conectar con los consumidores a un nivel más profundo, creando recuerdos y asociaciones positivas con la marca.

2. Creación de Experiencias Significativas

- **Elementos Sensoriales:** El uso de estímulos visuales, auditivos, táctiles y olfativos para crear una experiencia multisensorial que impacte en el cerebro.

- **Narrativa y Storytelling:** Contar historias que conecten emocionalmente con los consumidores y les hagan sentir parte de una experiencia única.

3. Impacto en el Cerebro y Respuesta del Consumidor

- **Activación Cerebral:** El marketing experiencial busca activar áreas del cerebro asociadas con las emociones, la memoria y la toma de decisiones.

- **Generación de Memorias Duraderas:** Experiencias excepcionales tienen más probabilidad de ser recordadas, generando una asociación positiva con la marca.

4. Estrategias del Marketing Experiencial

- **Eventos y Activaciones:** Organizar eventos o activaciones que involucren a los consumidores de manera activa en la experiencia.

- **Personalización:** Adaptar las experiencias a los gustos y preferencias individuales para generar un impacto más significativo.

5. Conexión Emocional y Lealtad del Consumidor

- **Fidelización a Largo Plazo:** Las experiencias memorables crean un lazo emocional que puede llevar a una lealtad sostenida hacia la marca.

- **Diferenciación en el Mercado:** Las marcas que ofrecen experiencias únicas y significativas se destacan en un mercado saturado.

Conclusiones: Importancia del Marketing Experiencial

El marketing experiencial va más allá de la transacción comercial, busca crear conexiones emocionales que perduren en la memoria del consumidor. La generación de experiencias memorables a nivel cerebral contribuye a fortalecer la relación entre la marca y el consumidor, influyendo en la percepción, preferencia y lealtad hacia la misma.

Capítulo 30: Integración de Neuromarketing en Estrategias Empresariales: Claves para el Éxito Comercial

El neuromarketing ofrece perspectivas valiosas para las estrategias empresariales al comprender mejor las motivaciones, percepciones y comportamientos de los consumidores. Su integración en las estrategias corporativas puede ser clave para el éxito comercial. A continuación se detallan los puntos esenciales:

1. Comprensión del Consumidor a Nivel Profundo

- **Análisis de Comportamiento:** Utilizar técnicas neuromarketing para comprender cómo reacciona el consumidor ante los estímulos de marketing y los factores que influyen en su toma de decisiones.

- **Construcción de Perfiles de Consumidores:** Integrar datos neuromarketing para crear perfiles más precisos y detallados de los consumidores, permitiendo estrategias más específicas y efectivas.

2. Personalización y Experiencia del Cliente

- **Estrategias Personalizadas:** Utilizar información neuromarketing para personalizar experiencias y mensajes, aumentando la relevancia y el impacto en cada cliente.

- **Diseño de Experiencias Memorables:** Implementar estrategias basadas en el neuromarketing para crear experiencias que generen emociones positivas y memorables.

3. Optimización de Productos y Servicios

- **Diseño Basado en la Percepción:** Utilizar información neuromarketing para desarrollar productos y servicios que se alineen con las percepciones y preferencias del consumidor.

- **Testeo de Productos:** Emplear técnicas neuromarketing en pruebas de productos para comprender mejor las preferencias y reacciones del consumidor ante diferentes atributos.

4. Comunicación y Estrategias de Marketing

- **Mensajes Efectivos:** Utilizar principios neuromarketing para crear mensajes que impacten emocionalmente y generen una conexión más profunda con el público objetivo.

- **Optimización de Canales de Marketing:** Integrar el conocimiento neuromarketing para seleccionar los canales de marketing más efectivos para llegar al público objetivo.

5. Innovación y Adaptación Continua

- **Adaptación a Cambios:** Utilizar información neuromarketing para adaptarse rápidamente a las tendencias cambiantes del mercado y a las preferencias de los consumidores.

- **Innovación Basada en Datos:** Utilizar datos y análisis neuromarketing para impulsar la innovación y el desarrollo de estrategias comerciales más efectivas.

Conclusiones: Importancia de la Integración del Neuromarketing en Estrategias Empresariales

La integración del neuromarketing en las estrategias empresariales permite un enfoque más centrado en el consumidor, proporcionando información valiosa para comprender y satisfacer mejor las necesidades del mercado. Esta integración estratégica puede ser determinante para el éxito comercial al generar productos más atractivos, mensajes más efectivos y experiencias más memorables para los consumidores.